AF262273

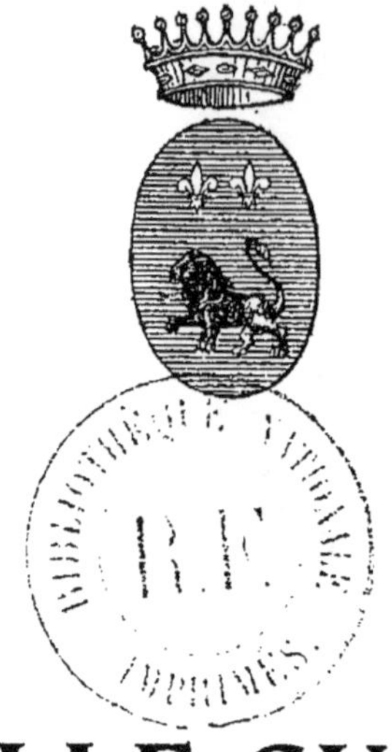

LA FAMILLE GUÉHÉNEUC

Origines et Anciennes Alliances

LA FAMILLE GUEHENEUC

La Famille Guéhéneuc

ORIGINES ET ANCIENNES ALLIANCES

PARIS
IMPRIMERIE POLYGLOTTE A. REIFF — HEYMANN
3, rue du Four, 3

1909

La Famille Guéhéneuc

Le nom de Guéhéneuc ou Guihéneuc, Guihe-
nocus dans les anciennes chartes en latin, est un
vieux nom de forme celtique encore très répandu
dans la partie orientale de la Bretagne, francisée
pourtant depuis le x⁰ siècle. Ce fut sans doute à
l'origine un nom de baptême, plus tard il devint
le nom patronymique d'une famille noble de la
région. Dès les XI⁰ et XII⁰ siècles les historiens bre-
tons Dom Morice et Dom Lobineau mentionnent
dans les pays de Dol et de Dinan des seigneurs
portant ce nom. Un titre de l'abbaye de Boquen
de 1278 est relatif à une donation faite par Etienne
Guihéneuc, fils d'Etienne, de la paroisse de Sévi-
gnac. Le souvenir de cette famille subsiste encore
dans cette paroisse où se trouve une localité qui
s'appelle la Guihénochais. Il ne serait pas possible
de rattacher par des documens authentiques les
Guéhéneuc actuellement existants à ces anciens
seigneurs bien qu'il ne soit pas téméraire de penser
qu'il en sont issus.

D'après les titres qui se trouvent actuellement
entre les mains de la famille Guéhéneuc son premier établissement connu était à Gomené dans la
paroisse de Plouguenast, chef-lieu de canton de
l'arrondissement de Loudéac. Gomené paraît avoir
été une seigneurie importante et fort ancienne.

Elle possédait de temps immémorial haute, basse et moyenne justice et sa juridiction s'étendait sur tout le territoire qui forme actuellement celui de la grosse paroisse de Plouguenast. On ne saurait dire de quelle époque date cette seigneurie qui remonte vraisemblablement aux premiers âges de la féodalité. Un titre authentique nous apprend qu'au commencement du XIVe siècle elle avait pour seigneur Rolland qui ne laissa qu'une fille mariée à Jean Allain de Carmené, qui était en 1388 maître d'hôtel du connétable Olivier de Clisson. Elle lui porta, suivant l'usage du temps, avec tous les biens de son père, le nom et même les armes de ses ancêtres. Aussi nous voyons que du vivant de sa femme, Jean de Carmené portait le nom de Guéhéneuc, mais, après la mort de celle-ci, ses descendans l'abandonnèrent et conservèrent seulement le nom de Carmené qui était aussi celui d'une famille ancienne et d'une certaine importance puisqu'ils étaient seigneurs de St-Gouëno. Ils conservèrent toutefois la juridiction de Gomené qui passa en 1620 à la famille Le Mintier par le mariage d'un de ses membres avec l'héritière de Carmené. Si la branche aînée des Guéhéneuc était éteinte, la famille continuait à exister. Plusieurs rameaux sortis du tronc principal contribuaient à la perpétuer, mais, comme les usages du temps dépouillaient à peu près complètement les cadets, leur situation était bien plus modeste que celle de leurs aînés.

De ces rameaux issus du tronc de Gomené le plus ancien était celui de la Touche. La Touche était une terre située tout près de Gomené dont elle paraît avoir été un démembrement, probablement à la suite d'un partage. Or, il convient de remarquer que le partage n'aurait pu avoir lieu qu'avant 1185, car à partir de cette date, en vertu de l'assise du Comte Geffroy, les terres nobles de l'importance de celle de Gomené ne purent plus être divisées, aussi les cadets étaient-ils réduits à s'expatrier pour chercher fortune. Nous en verrons ci-dessous un exemple.

Une autre branche de la famille dite de la Roncière du lieu qu'elle habitait dans la paroisse de Ploeuc a subsisté très longtemps et ne s'est éteinte que dans le milieu du xviiie siècle. Il semble que c'est à cette famille qu'appartenait le sénateur Guéhéneuc du Premier Empire dont la fille épousa le Maréchal Lannes et est l'aïeule des Montebello.

Enfin il existait à Erquy une troisième branche qui ne comparut pas à la réformation de 1668 comme les autres, car elle était éteinte. Sa situation paraît avoir été très modeste.

Il y a lieu de remarquer que d'après les titres, en 1350, tous les chefs de ces branches, portaient le nom de Rolland, comme leur chef le seigneur de Gomené. Ce nom de Rolland était sans doute celui d'un ancêtre qui faisait l'orgueil de sa famille. Cette similitude prouve aussi qu'ils n'étaient pas frères et appartenaient à des rameaux successivement détachés du tronc principal, ce qui implique forcément une assez longue suite de générations. Nous ne nous occuperons plus de ces diverses branches toutes éteintes aujourd'hui. Nous dirons seulement qu'à la réformation de 1668 la branche de la Touche qui s'appelait alors de Garnouët par suite du mariage d'Olivier Guéhéneuc avec Catherine, héritière de Garnouët, fut reconnue branche aînée et déclarée d'ancienne extraction.

Toutefois si la seigneurie de Gomené n'apparte-

nait plus aux Guéhéneuc, et si Catherine avait porté aux Carmené les titres et les biens de ses ancêtres, il restait encore des membres de cette famille et ce sont eux qui l'ont perpétuée jusqu'à nos jours.

Rolland Guéhéneuc, le père de Catherine avait, en effet, un frère puîné nommé Robert. Complètement dépouillé de tout bien territorial par la coutume du temps, ce Robert quitta le pays et alla chercher fortune probablement dans la capitale du Duché. On ne sait ni ce qu'il y fit ni qui il épousa. On sait seulement qu'il eut un fils appelé Thomas qui épousa Perrine Hervé dont on ne connait pas non plus la famille. Ils eurent un fils appelé Raoul et une fille Jeanne. Raoul devint un gros personnage. Nous le trouvons, en effet, en 1420 Trésorier des guerres et receveur des Revenus du Duc Jean V. Il était aussi Membre de son Conseil. Il possédait à la porte de Rennes une seigneurie avec fiefs du nom de Villeneuve et il était fondateur de l'Eglise de Toussaint où il possédait droit d'armoirie et d'enfeu immédiatement après le vicomte de Rennes. Bien que ce descendant de seigneurs habitant une région plutôt sauvage fût devenu un citadin et un homme de Cour, il n'avait pas perdu le souvenir de ses origines et il eut l'heureuse inspiration d'en conserver la trace qui sans cela serait perdue puisque sa cousine Catherine avait apporté aux Kermené avec les biens tous les titres des Guéhéneuc. Il s'entendit donc avec son cousin de Kermené et de concert avec lui fit établir l'acte de notoriété conservé jusqu'à ce jour et que nous reproduisons en entier à cause de son importance.

«Sachent tous que en notre Cour de Rennes s'est comparu en personne noble Louis Allain de Ker-

mené, Seigneur de Gomené, fils de Louis Jehan de
Kermené et fils et héritier principal et noble de
Catherine Guyhéneuc, dame du dit lieu de Gomené,
en ancien temps femme du dit Jean de Kermené,
auctorisé celui Allain suffisamment de son dit père
à tout ce qui suit :

Lequel est confessant et cognaissant et nous dit
et affirma en la présence de Raoul Guihéneuc fils
et heoir principal de défunt Thomas Guihenneuc
qu'il est savant et accertaine que deffunt Roland
Guihéneuc, seigneur du dit lieu de Gomené lequel
fût père de la dite Catherine et duquel elle fût héritière, et de laquelle Catherine le dit Allain est héritier ainsi que dessus et feu Robert Guihéneuc
qui fût père du dit Thomas Guihéneuc, douquel
le dit Raoul est heoir principal étaient et furent
prouches parens et consanguins partis et crus
d'une lignée savoir est des Guiheneuc, seigneurs
de Gomené, et doudit lieu de Goumené, desquels
le dit Roland était le chief et le dit Robert en était
le Juveigneur et tels sus et réputés étaient aux par-
ties et que celui Robert et Thomas son fils et chacun d'eux en son temps prirent et devaient prendre
les armes de Gomené et des prédécesseurs de la
dite Catherine Guiheneuc, seigneurs du dit lieu de
Gomené à différence, quelles armes sont écu d'azur
à un Léon d'argent passant à deux fleurs de lis de
même de sur celui Léon aux cornières du chef du
dit écu et que si celui Raoul Guiheneuc même et
les enfants doudit feu Thomas Guiheneuc et chacun pareillement prirent et devaient porter les dites
armes à différence et en jouir et user parquoy et
parce que celui Raoul cognût que ainsi était,
celui Allain pour lui et ses heoirs et successeurs
partis et qui partirons et systront d'elx et de leur

lignée et de l'exue d'elx et de chacun aient et portègent et puissent avoir et porter, jouir et user ès temps à venir des dites armes à différence du dit Gomené leur chieff, savoir est celle différence d'un tressant de gueules en l'épaule du dit Léon, telle comme bon semblera au dit Raoul Guyhéneuc et à la dite Jehanne sa sœur, leurs heoirs et suceesseurs partis et qui partiront et systront d'elx et de chacun, sans que jamais au temps à venir celui Allain, ses heoirs successeurs et cause ayant et l'un d'elx le puissent empêcher et débattre en aucune manière. Ainsi y remercie et remercie de fait à se tenir sans jamais venir en contre en aucune manière ; fût et est celui Allain de son plaisir et assentiment et par son serment sur ce fait condamné et condamnons.

Donné témoins, le seau établi aux contrats de notre dite Court avec les seaux de Jehan de Partenay et de Amaury de la Motte et de chacun pour maire et graigneur fermeté et fût fait le vingt septième jour de l'an mil quatre cent et seize.

De la Bintynaie passe.

Il résulte de ce document que la filiation de la famille y est établie jusqu'aux environs de 1300. En effet, Raoul Guéhéneuc était Trésorier des guerres en 1420. Ce devait donc être un homme d'âge mûr, né sans doute vers 1380. Nous connaissons son père, son grand-père, et si le nom de son bïsaieul ne nous est pas connu son existence n'en est pas moins certaine. En comptant seulement 80 ans pour les trois générations nous sommes certainement plutôt au dessous de la vérité.

Il est même assez probable, d'après ce document, que les origines de la famille étaient des plus lointaines, car il y est question de la lignée de Gomené et des prédécesseurs de Catherine. Or, il est peu vraisemblable que ces prédécesseurs et cette lignée se bornassent à son père et à son grand-père. L'existence des trois autres branches contemporaines de Catherine établit au contraire que dès le milieu du xiv° siècle la famille comptait déjà de nombreuses générations.

Raoul Guéhéneuc était, avons nous dit, un important personnage et grâce à lui la branche à laquelle il appartenait devint, quoiqu'elle fût la plus récente, celle qui donna à la famille son principal relief. Il fit faire à sa sœur un brillant mariage, au moins en ce qui est de la naissance, puisqu'elle épousa en premières noces un cadet de la famille d'Acigné. Il épousa lui-même successivement Lucasse Déeslin et Phelipote Le Sénéchal, l'une et l'autre appartenant à la meilleure noblesse de leur temps.

Il eut de sa dernière femme un fils appelé Jean qui fut connétable de Rennes. Les connétables choisis parmi les notables de la cité étaient des fonctionnaires à la fois municipaux et militaires adjoints au Gouverneur. Jean Guéhéneuc épousa Marie de Beaucé dont la famille possédait la seigneurie de ce nom près de Fougères dès le xiie siècle. Sa belle-mère, Jeanne Boterel, était aussi d'illustre maison.

Le fils de Jean Guéhéneuc, Jean II épousa Jeanne Hagomaz. Le père de celle-ci était un riche financier qui eut dans son temps une certaine célébrité. Il fut membre du conseil ducal, anobli pour ses services et créé seigneur de la Rivière. Jean II fut comme son père connétable de Rennes.

Jean III, fils de Jean II et de Jeanne Hagomaz,

épousa en 1523 Jehanne Salliou, fille de Guillaume et de Jeanne Ruffier. Les Salliou, seigneurs du Pin en Plerguer, étaient de vieille souche et possédaient dans la même paroisse d'importants domaines. Par suite de ce mariage Jean Guéhéneuc, dont les parens avaient aliéné leur terre de Villeneuve, vint se fixer à la Barre en Plerguer sur les biens de sa femme.

Bertrand Guéhéneuc, fils des précédents, épousa, en 1550, Hélène de la Bouéxière, fille de Gilles et de Catherine de Rochefort. Les la Bouéxière, seigneurs de la Fosse au Loup, comparurent aux montres de 1427.

Jean IV, fils de Bertrand, contracta mariage en 1578 avec Jeanne du Breil, fille de François, sieur de la Roche Colombière, et de Jeanne de Tréal. C'est la première alliance entre les Guéhéneuc et la vieille famille des du Breil si répandue dans la Haute-Bretagne qu'elle est, on peut dire, le lien commun entre les familles nobles de cette région qui lui sont presque toutes alliées.

Le fils de Jeanne du Breil et de Jean IV épousa Renée Tircoq d'une famille importante qui lui apporta entr'autres biens une terre considérable appelée le Boishue dans la paroisse de Lanhélin voisine de Plerguer, où résidaient les Guéhéneuc. Ces derniers joignirent à leur nom celui du Boishue qui devint l'appellation des aînés de la famille.

De Pierre et de Renée Tircoq naquit Georges qui contracta mariage avec Marie de Talhouët appartenant à une branche de cette famille bien connue, alliée d'assez près aux Rieux, une des plus grandes familles de Bretagne. C'est même cette parenté qui permit aux Boishue et aux Gouvello, descendans de la seconde fille des Talhouët, de racheter par retrait lignager la terre de la Hunandays après la mort du dernier Rieux. Georges Guéhéneuc en considération de ses services militaires devint lieutenant du gouverneur de la ville de St-Malo.

Il eut de sa femme plusieurs enfants décédés sans postérité à l'exception de l'aîné Henri qui avait épousé Charlotte Séré, riche héritière de St-Malo. Les Séré dont la noblesse avait été reconnue par les Etats de Bretagne prétendaient descendre d'une vieille famille de Poitou. Il est à croire cependant que c'est au commerce que les Séré, comme la plupart des malouins, devaient leur situation.

D'Henri et de Charlotte Séré fut issu Henri deuxième du nom qui épousa en 1720 Madeleine-Perrine-Thérèse du Breil du Chalonge, fille de Jean et de Marie-Thérèse de Ferron de la famille des Ferron du Chesne de St-Carné. Henri de Guéhéneuc était commandant de la noblesse de l'Evêché de Dol et Gouverneur pour le Roi du château de Combourg.

Ils eurent deux fils, Jean-Baptiste l'aîné qui épousa la fille aînée du marquis de Bruc, chef de cette famille, une des plus illustres de Bretagne et aussi des plus anciennes, puisque l'un de ses membres était à la Croisade de Philippe-Auguste. Sylvie du Breil de Pontbriand épouse du marquis de Bruc avait aussi de très hautes alliances. Sa mère, en effet, était fille unique de Gabriel d'Epinay, dernier de cette illustre maison et d'Anne d'Hautefort, sœur de Marie d'Hautefort, duchesse de Schomberg, célèbre par ses vertus et l'attachement que lui portait Louis XIII. Sylvie de Bruc, comme aînée de sa famille, apporta à son mari une fortune très considérable et plusieurs terres titrées.

Sa sœur cadette épousa dans la suite Henri, frère

cadet de Jean-Baptiste. Depuis, la famille Guéhéneuc est divisée en deux branches. La branche
aînée qui continue à porter le nom de Boishue et
la branche cadette qui porte sans addition le nom
patronymique.

PIÈCES JUSTIFICATIVES

Quelques années avant la Révolution, le duc de Penthièvre prescrivit une révision de la Noblesse de son Duché. A cette occasion il fut extrait des titres des châtellenies de Lamballe et de Montcontour une quantité d'actes concernant les diverses branches de la famille Guéhéneuc et dont les copies certifiées conformes sont en la possession de son représentant actuel. Le plus ancien de ces titres ne remonte toutefois qu'à 1385, les archives du duché de Penthièvre n'ayant été constituées qu'à partir de cette époque et après que l'ordre, si profondément troublé par une guerre étrangère et civile de plus de cent années, eut été rétabli complètement en Bretagne.

Le premier de ces actes en date de 1385 contient la mention suivante : Rolland Guéhéneuc et plusieurs autres étaigiers du tènement de Tieuroc, paroisse d'Erquy.

2. En 1412, d'après un autre acte, Jehan Guéhéneuc, fils et héritier de Rolland, rend foi et hommage au duc pour cause des héritages à lui échus du chef de son auteur décédé au mois de mai. Puisque Rolland était mort en 1412, laissant un fils majeur, il est probable qu'il était né vers 1350. — Ce Rolland était le chef de la branche de la Touche.

3. En 1416, acte de rachat de Jehan Guéhéneuc à l'occasion du décès de Rolland, son père, seigneur

de la Roncière, contemporain ou à peu près de celui de la Touche.

Dans le même compte de la châtellenie de Lamballe on lit au folio 27 :

Ce recepveur a par lettres de Guéhéneuc de Kermenéhy, maître d'hôtel de Monseigneur le Connétable (de Clisson) payé somme de, etc.

Il s'agit évidemment ici du mari de Catherine Guéhéneuc, dernière châtelaine de Gomené et épouse de Jean Allain de Carmené ou Kermené. Le suffixe *hy* ajouté au nom de Kermené est une corruption du mot *ty*, qui en breton veut dire maison.

Paris. — Imp. A. REIFF. — HEYMANN, 3, rue du Four (VIᵉ)